Michel Pereira

A Arte da Persuasão Paga

*Os Segredos por trás dos
Criativos de Alta Conversão*

*Método AD 369 para
Banners Estáticos*

ISBN: 9798877353596

oCriativo°

Sumário

Prefácio

O livro apresenta o Método AD 369, uma abordagem prática e detalhada para a criação de anúncios pagos de alta conversão. Ele é estruturado em 6 camadas estratégicas que ajudam profissionais a entender e implementar táticas de persuasão em criativos publicitários. A obra também explora 9 aspectos cruciais e 27 gatilhos mentais, que fornecem uma base completa para profissionais que desejam dominar a arte da persuasão no marketing digital.

O livro é voltado para profissionais de marketing, designers, redatores, gestores de tráfego e qualquer pessoa que trabalhe com anúncios pagos, especialmente aqueles que buscam um modelo estruturado para aumentar a eficácia de suas campanhas.

Caro leitor, se você chegou até esta página atraído pela capa do livro, é um sinal de que sua atenção já foi persuadida e o Método AD 369 já demonstrou sua eficácia. Agora, é hora de aproveitar ao máximo esta oportunidade e mergulhar de cabeça na leitura que transformará você em um verdadeiro mestre na criação de criativos de alta conversão.

Capítulo 1

Introdução

No cenário digital atual, onde a atenção é um recurso valioso e as mensagens competem ferozmente por um espaço no coração do público, emerge uma força silenciosa e poderosa: a arte da persuasão paga.

Bem-vindo ao meu mundo, onde a criatividade se transforma em lucro e cada pixel, cada palavra, é meticulosamente projetado para capturar mentes e bolsos. Este é um mundo que poucos conhecem intimamente, um domínio que eu tenho explorado por anos a fio e que agora revelo a você.

O título deste livro, **"A Arte da Persuasão Paga: Os Segredos por trás dos Criativos de Alta Conversão"**, carrega a promessa de uma jornada que vai além da superfície. Nós iremos mais fundo, muito além do que já foi revelado.

Aqui, não é apenas sobre o que funcionou no passado, mas sobre o que está funcionando agora, neste mundo em constante evolução. Eu me dediquei a entender e dominar a alquimia dos anúncios pagos, e os resultados que obtive falam por si: dezenas de milhões de reais em faturamento para empresas, marcas e produtos variados.

No entanto, há um problema que tem atormentado esse campo. Enquanto muitos autoproclamados "gurus" e "coachs" inundam o espaço digital com fórmulas vazias e estratégias que brilham apenas em suas próprias narrativas, eu estive na linha de frente, minha jornada não foi construída em cima de produtos enganosos ou promessas vazias, pelo contrário, trabalhei com empresas reais, de tijolo e concreto, que operam na economia tradicional. Empresas que não buscam apenas cliques efêmeros, mas sim resultados tangíveis: vendas, crescimento e impacto real.

Eu testemunhei o poder dos criativos de alta conversão em ação. Desenvolvi campanhas que transformaram produtos locais, regionais, estaduais e nacionais em histórias irresistíveis, conquistando o público e trazendo resultados impressionantes. O que você encontrará neste livro não são apenas teorias, mas sim táticas testadas pelo fogo das trincheiras digitais.

Nossa jornada começa agora, explorando os segredos que estão moldando o campo dos anúncios pagos. Vou compartilhar *insights* profundos, estratégias avançadas e exemplos da vida real que pintam um quadro completo da arte da persuasão paga. Prepare-se para adentrar um mundo onde a criatividade é monetizada, onde os anúncios deixam de ser interrupções e se transformam em narrativas envolventes que conquistam não apenas cliques, mas também corações e mentes.

Capítulo 2

Método AD 369

Chegou a hora de colocarmos a mão na massa. O que você está prestes a descobrir é a essência da minha abordagem, um sistema que forjei com anos de dedicação e paixão. Permita-me apresentar: a estrutura AD 369, minha ferramenta para a construção de anúncios de alta conversão.

Imagine a AD 369 como uma cebola de conhecimento, repleta de camadas que se complementam. Assim, assim como a cebola se torna mais intensa conforme suas camadas externas são retiradas, nossa estrutura também se torna mais robusta à medida que você mergulha mais fundo.

Vamos dividir essa estrutura em seis camadas estratégicas. Cada camada é como um bloco de construção essencial para a criação do seu anúncio de alta conversão. Dentro de cada camada, você encontrará três pontos cruciais que agem como os pilares do sucesso, eles se fundem para criar um anúncio que não apenas chama a atenção, mas, também mantém o público envolvido e conduz à ação.

NEGÓCIO

NECESSIDADE

PRODUTO

FUNIL

COMUNICAÇÃO

CRIATIVO

Capítulo 3

6 camadas do criativo

Neste capítulo, apresentarei todas as camadas e pilares essenciais para o desenvolvimento do criativo. Quem já é da área provavelmente vai reconhecer alguns pilares, e não ache que você está lendo um clichê, se você já conhece esses termos, guarde essa informação, pois você vai precisar utilizar na construção até o final desse livro.

A camada mais profunda dessa estrutura é também a mais importante, por mais simples que seja, a maioria dos profissionais não leva ela em consideração ou não compreendem a fundo a sua importância.

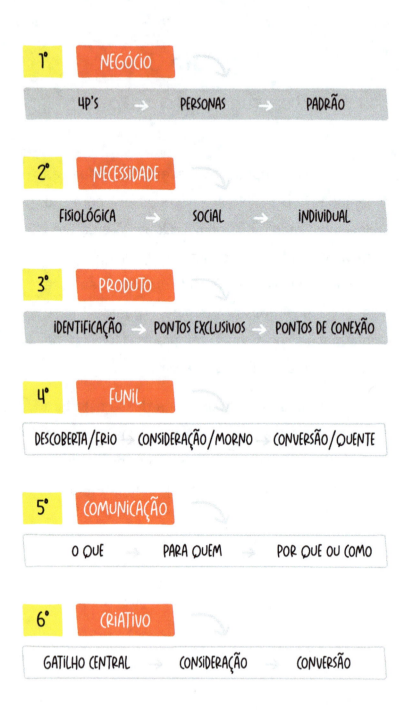

1° NEGÓCIO

4P'S → PERSONAS → PADRÃO

2° NECESSIDADE

FISIOLÓGICA → SOCIAL → INDIVIDUAL

3° PRODUTO

IDENTIFICAÇÃO → PONTOS EXCLUSIVOS → PONTOS DE CONEXÃO

4° FUNIL

DESCOBERTA/FRIO → CONSIDERAÇÃO/MORNO → CONVERSÃO/QUENTE

5° COMUNICAÇÃO

O QUE → PARA QUEM → POR QUE OU COMO

6° CRIATIVO

GATILHO CENTRAL → CONSIDERAÇÃO → CONVERSÃO

CAMADA 1 - NEGÓCIO

A primeira camada é sobre o negócio, formada pelos 4Ps, Personas e Padrão.

1. 4P's

Imagine os 4P's como os alicerces de uma construção sólida. Esses elementos são indispensáveis para criar campanhas memoráveis e altamente eficazes. Cada um deles é um passo rumo a uma comunicação poderosa que não apenas atrai, mas também conquista.

1.1 Produto

Pense no produto como uma obra de arte em desenvolvimento. Ele é a essência da sua mensagem, e o entendimento profundo das suas características é o que permitirá torná-lo irresistível aos olhos do público. Seja um verdadeiro especialista, capaz de apresentar cada detalhe com entusiasmo e clareza. Entenda não apenas o que ele é, mas o que ele representa para quem o adquire. Com isso, você poderá traduzir informações técnicas em emoção e conexão.

1.2 Preço

O preço vai além de um número. Ele carrega a percepção de valor que o cliente atribui à sua oferta. Para isso, realize uma análise cuidadosa do mercado, posicione-se estrategicamente e compreenda como o preço influencia as decisões do consumidor. Seja um estrategista financeiro, ajustando o preço como uma peça-chave que comunica qualidade, exclusividade ou acessibilidade, conforme o contexto do seu público. Lembre-se: o preço certo não apenas vende, mas também conquista confiança.

1.3 Praça

A praça não é apenas um local físico; é o espaço em que você encontra o seu público-alvo. Entenda suas preferências, hábitos e culturas. Coloque-se no papel de um explorador, investigando territórios e desvendando onde sua mensagem será mais bem recebida. Utilize dados e insights para traçar o caminho ideal até o cliente, seja ele digital ou presencial. É aqui que a proximidade e a relevância se tornam tangíveis.

1.4 Promoção

A promoção é o palco onde sua mensagem ganha vida. Analise campanhas anteriores, identifique estratégias vencedoras e evite os erros do passado. Inspire-se no comportamento dos concorrentes e crie narrativas que falem diretamente com o coração do consumidor. Seja criativo, autêntico e ousado ao transformar informações em histórias impactantes, que não apenas vendam, mas emocionem.

Dominar esses quatro pilares permitirá que você crie campanhas de anúncios pagos altamente eficazes e estratégicas. Cada P é uma peça essencial, contribuindo para o impacto geral. Este é o início de uma jornada rumo à excelência em persuasão e conversão.

2. Persona

O segundo aspecto é a persona, imagine a persona como um rosto amigável no meio de um mar de números e métricas. Esta é a personificação do seu público-alvo, o modelo de quem você quer alcançar. Delicadamente entrelaçada com os tecidos da vida real, você deve idealizar cada aspecto dessa pessoa. Qual é o seu habitat? Como ela passa seus dias? O que a motiva? Mergulhe em sua vida com a mesma paixão que você tem pelo seu produto. A persona é a chave para entender os matizes sutis da sua comunicação, permitindo que você escolha as palavras certas e estabeleça conexões genuínas.

A persona não é apenas um rosto bonito - ela é uma bússola para sua campanha. Imagine-se andando na pele dela. Como ela perceberia suas mensagens? Como reagiria às suas chamadas à ação? Você não estaria apenas falando com ela; você estaria dançando com sua alma. Compreender sua persona é compreender sua linguagem, sua mentalidade, seus desejos e dores. Desde a escolha das palavras até a criação da chamada de ação, cada passo é guiado pela persona. Afinal, você não fala com um idoso da mesma forma que fala com um adolescente. Comunicação é a cola que une todas as etapas do marketing e da venda.

Mergulhar na persona é mergulhar na arte da comunicação. Anúncios e *marketing* são muito mais sobre transmitir mensagens poderosas do que simplesmente fazer vendas.

Cada venda, cada interação, começa com uma comunicação eficaz. A persona é o fio condutor que permite que você navegue nas águas da conexão humana. É o olhar nos olhos do seu público e entender o que ressoa em seus corações. Ao abraçar a persona, você está indo além das transações e mergulhando na narrativa da vida real.

4. Padrão

O terceiro aspecto vital é o padrão. É fácil subestimar a força desse elemento, especialmente quando estamos seduzidos pela busca por genialidade e inovação. No entanto, não devemos esquecer de olhar para trás e considerar o que já se provou eficaz. Como diz o ditado popular, "nada se cria, tudo se copia", a verdade é que tudo o que vemos no mundo digital hoje, de uma forma ou de outra, tem suas raízes em inspirações anteriores.

Imagine-se como um viajante do tempo, explorando as estradas que levaram à criação de hoje. Em um mundo que parece ser moldado por constantes rupturas e reinvenções, há uma verdade duradoura: certas estratégias são atemporais, portanto, olhar para o passado não é um ato de imitação, mas sim uma busca por sabedoria acumulada. Ao entender o padrão que já se mostrou eficaz, você está aprimorando a sua capacidade de criar algo que ressoe profundamente com o público.

No mundo digital, onde as novidades se destacam, a inspiração frequentemente vem do passado. As estratégias atuais são construídas sobre bases anteriores, cada uma delas formada com intenção e propósito. Entenda que mesmo o mais brilhante dos conceitos tem suas raízes em algo anterior. Através do reconhecimento do padrão, você pode discernir o que funciona e, mais importante, o que ressoa com o seu nicho, mercado ou produto.

19

Quando você se aprofunda no padrão, você se torna um estudante da história. Seja um historiador do seu nicho, absorvendo o que funcionou para os outros. Cada nicho, mercado ou produto tem sua própria melodia - é a sua tarefa sintonizar-se nessa harmonia. Ao entender o padrão que se estabeleceu, você ganha uma perspectiva informada sobre como comunicar e como conquistar, afinal, a beleza do padrão reside na sua capacidade de guiá-lo em direção a decisões inteligentes, estratégias eficazes e uma conexão mais profunda com o seu público.

Ao abraçar o poder do padrão, você está abrindo as portas para a verdadeira inovação, conhecendo a base e padrão do seu nicho você está apto para deixar a sua criatividade fluir e buscar por novos padrões de sucesso.

Estamos apenas arranhando a superfície desse aspecto crucial, mas à medida que exploramos mais profundamente, você começará a ver como a sabedoria acumulada pode se tornar uma ferramenta poderosa em sua busca por campanhas de anúncios pagos de alta conversão. Prepare-se para criar estratégias que possuem uma base sólida no passado, mas brilham com a visão do futuro.

CHECKLIST DA CAMADA

LISTE OS 3 ASPECTOS DA CAMADA

1.

2.

3.

APRENDIZADO PRÁTICO

RESUMA CADA ASPECTO DA CAMADA

1.

2.

3.

CAMADA 2 - NECESSIDADE

A segunda camada é sobre a necessidade, formada pelas necessidades fisiológicas, sociais e individuais.

Nossa exploração agora nos leva à segunda camada, um complexo mosaico formado pelas necessidades fisiológicas, sociais e individuais. Cada peça desse quebra-cabeça nos revela um aspecto crucial do porquê as pessoas se envolvem com produtos e serviços. Vamos mergulhar nesse mar de motivações e entender como elas moldam nossas decisões.

Todos os produtos e serviços nascem basicamente de uma única raiz - a necessidade. É nessa encruzilhada que a jornada começa. Sua missão é entender e atender essas necessidades, sejam elas fisiológicas, sociais ou individuais.

- A necessidade fisiológica nos conecta com o essencial, como a comida, saúde e segurança.

- A necessidade social nos liga às ambições coletivas, à busca de ganho social e status.

- E a necessidade individual ressoa com a busca pela realização pessoal e pela autenticidade.

Esta camada nos proporciona um olhar penetrante sobre o que impulsiona as decisões de consumo, é um mergulho nas águas profundas das dores, ambições e aspirações do público. Imagine-se como um psicólogo, desvendando as complexas teias que compõem a mente de quem você deseja alcançar, isso é especialmente evidente ao comparar produtos como água mineral e cursos de desenvolvimento pessoal. O primeiro, uma necessidade fisiológica básica, não requer truques de *marketing* extravagantes. O segundo, uma busca por crescimento individual, exige uma compreensão profunda das motivações e dores da pessoa.

24

Nesta camada, você se torna um antropólogo da motivação, explorando os fatores que levam alguém a escolher o que você oferece. Cada necessidade, cada aspiração, forma um fio de conexão com o consumidor. Lembre-se, as necessidades fisiológicas ocupam o primeiro lugar, seguidas pelas necessidades sociais e individuais, quanto mais vital na vida de alguém, mais alta é sua prioridade de consumo.

Ao mergulhar na camada da motivação, você está decifrando o enigma que guia as escolhas das pessoas. Estamos apenas começando a arranhar a superfície dessa complexa teia, mas à medida que exploramos mais profundamente, você começará a ver como essa compreensão pode informar sua estratégia e fortalecer sua conexão com o público.

CHECKLIST DA CAMADA

LISTE OS 3 ASPECTOS DA CAMADA

1.

2.

3.

APRENDIZADO PRÁTICO

RESUMA CADA ASPECTO DA CAMADA

1.

2.

3.

CAMADA 3 - PRODUTO

A terceira camada é sobre o produto, formada pela identificação, pontos exclusivos e pontos de conexão.

Entramos agora na terceira camada, onde a identificação, pontos exclusivos e os pontos de conexão se entrelaçam em uma dança estratégica. Imagine isso como um rótulo nutricional do seu produto - informações claras e cruciais que você deve conhecer decor. Nesta jornada, iremos descobrir como desvendar a essência do que você oferece e forjar laços autênticos com o seu público.

Para entender a identificação, imagine-se em um elevador com um estranho - você tem apenas alguns segundos para explicar o que você faz da vida ou quem é. O que você diria? Na etapa de identificação, a objetividade é essencial. Descreva o que é o seu produto e sua função de maneira clara e direta, a simplicidade é sua aliada aqui. Por exemplo, a Nubank poderia se divulgar como uma *fintech*, porém seu público-alvo não se conectaria facilmente com esse termo. Por isso, sua comunicação é feita de forma mais simplificada, posicionando-se como uma conta digital na qual os usuários têm controle sobre o próprio dinheiro. Isso torna a experiência muito mais fácil e intuitiva, além de se conectar com uma dor do seu público-alvo, já que os bancos tradicionais costumam ser mais engessados.

Agora, adentramos o território dos pontos exclusivos - os elementos que fazem do seu produto uma joia rara no mercado. Cada produto possui pelo menos um diferencial, ou ponto exclusivo. É como as características especiais de uma joia. Mantenha-os simples e claros. Seguindo o mesmo exemplo do Nubank, seu maior diferencial, na minha opinião, é a facilidade e a desburocratização—características que estão sempre evidentes em seus criativos e peças publicitárias. Dessa forma, o público se conecta rapidamente e entende qual é seu principal diferencial em comparação com os concorrentes. Crie narrativas claras que destaquem os diferenciais do seu produto ou serviço.

Nos pontos de conexão, a ênfase está na conexão com o público. Imagine-se como um artista que cria uma obra-prima - as palavras, imagens e cores certas são seus pincéis. É fundamental compreender o que atrai a atenção do seu público. Pode ser uma palavra, uma imagem, um elemento ou uma cor. O próprio Nubank, por exemplo, entendeu que uma das maiores dores do seu público é a burocracia dos bancos tradicionais. Portanto, em seus criativos, comunica seus principais diferenciais de forma estratégica, com um design minimalista, comunicação leve e com poucos elementos visuais. O foco é comunicar de forma clara seu maior ponto de conexão: a desburocratização. Portanto, identificar esses pontos de conexão é como encontrar o tom perfeito para criar uma sinfonia cativante.

29

CHECKLIST DA CAMADA

LISTE OS 3 ASPECTOS DA CAMADA

1.

2.

3.

APRENDIZADO PRÁTICO

RESUMA CADA ASPECTO DA CAMADA

1.

2.

3.

CAMADA 4 - FUNIL

A quarta camada é sobre o funil, formada pela descoberta, consideração e conversão.

Adentramos agora a quarta camada, onde a jornada do consumidor é traçada em três etapas essenciais: descoberta, consideração e conversão. Aqui reside a bússola fundamental que orienta o direcionamento do seu anúncio. Nessa jornada, determinamos o nível de maturidade do seu público em relação ao seu negócio, criando pontes sólidas entre você e aqueles que você deseja alcançar.

Na etapa da descoberta você tem o papel de desenvolver criativos mais rasos, seu objetivo principal é implantar uma semente, ou uma ideia na cabeça do seu público alvo, a venda aqui está em segundo plano, pois o foco é conquistar o primeiro contato com o seu público.

Na etapa da consideração você tem o papel de aumentar a consideração ou entendimento do seu público em relação ao seu produto, serviço ou marca. Aqui seu foco principal é fazer o público, que antes não tinha entendimento sobre o seu produto, passar a conhecer e entender o que o seu produto pode proporcionar ou resolver em sua vida. Geralmente na consideração evidenciamos os diferenciais, soluções e benefícios práticos.

Já na etapa da conversão, você tem o papel de induzir o seu público à ação. Nesse momento, seu foco está em combater as objeções, persuadir ou encontrar meios para converter todo o público que demonstrou interesse ou que já está totalmente inteirado sobre o que você está anunciando. Essa etapa representa a sua melhor oportunidade de transformar o público em cliente, então use todas as técnicas de persuasão para dar o último "empurrão" na decisão do seu público.

No entanto, vale ressaltar que, em certos casos, públicos altamente engajados ou com demanda reprimida, podem não precisar seguir essa ordem estritamente, pois já possuem uma forte conexão com a marca. Este capítulo revela a essência da jornada do consumidor, uma trilha que é única para cada negócio. Ao compreender e aplicar essa jornada em seus anúncios, você estará construindo um relacionamento sólido com seu público, guiando-os desde o primeiro encontro até a ação desejada. Esteja preparado para oferecer uma experiência coesa e envolvente, à medida que seu público navega pelas etapas da jornada que você cuidadosamente construiu.

CHECKLIST DA CAMADA

LISTE OS 3 ASPECTOS DA CAMADA

1.

2.

3.

APRENDIZADO PRÁTICO

RESUMA CADA ASPECTO DA CAMADA

1.

2.

3.

CAMADA 5 - COMUNICAÇÃO

A quinta camada é sobre a comunicação, formada pelas etapas do "o que", "para quem" e "por que ou como".

Entramos na quinta camada, onde a comunicação se desdobra em três aspectos interligados: o que, para quem, e por que ou como. Aqui, vamos mergulhar na essência da comunicação, entendendo que um anúncio é, em sua raiz, uma forma de conexão.

Imagine a comunicação como uma dança em uma festa - cada movimento é estratégico, conduzindo a um resultado desejado. Um anúncio é, acima de tudo, uma forma de comunicação e, como em uma festa, saber quando e como abordar alguém é crucial. É por isso que os anúncios seguem uma ordem, assim como os relacionamentos humanos tem fases.

Funis de venda ou marketing não existem apenas para organizar, mas também para respeitar o ritmo natural do envolvimento.

Nesta camada, podemos unir essas três perguntas cruciais, pois elas estão intrinsecamente interligadas. Quando você cria a mensagem ou a ideia para o seu anúncio, use essas três perguntas como um guia. Tenha a certeza de que suas respostas sejam claras para o público-alvo.

Pergunte a si mesmo: o que eu quero comunicar? Por exemplo, imagine uma concessionária de automóveis que deseja anunciar o lançamento de um carro com desconto especial para o dia dos pais. Clareza é fundamental - não deixe espaço para mensagens subliminares. As pessoas valorizam a simplicidade.

Pergunte-se também: para quem você está comunicando? Continuando com o exemplo da concessionária, o público-alvo seria homens que são pais, devido à data comemorativa. Conecte-se rapidamente, seja por meio de imagens, palavras, cores ou elementos visuais.

Por fim, pergunte-se por que ou como você deve comunicar. Por que os pais deveriam comprar o carro agora? Quais vantagens eles ganharão? Ou, como eles podem comprar o carro? Enfim, questione toda e qualquer possibilidade de dúvida ou ausência de contexto que possa interferir na performance do criativo. Muitas vezes,

São perguntas simples que moldam um anúncio de sucesso. Lembre-se, as pessoas não estão lá para ver anúncios, então não complique, simplifique. Estamos lidando com um público predisposto a evitar publicidade.

CHECKLIST DA CAMADA

LISTE OS 3 ASPECTOS DA CAMADA

1.

2.

3.

APRENDIZADO PRÁTICO

RESUMA CADA ASPECTO DA CAMADA

1.

2.

3.

CAMADA 6 - CRIATIVO

A sexta camada é sobre o criativo, formada pelas etapas do gatilho central, consideração e conversão.

Agora, entramos na sexta e última camada, onde a mágica acontece. Neste ponto, transformamos toda a base teórica e as considerações anteriores em algo tangível e eficaz. É crucial entender que você poderia criar um criativo apenas com o conhecimento desta camada, mas o que separa um anúncio de alta conversão de um comum, são as conexões infinitas que você tece com as camadas anteriores.

Pensando na nossa analogia da cebola, esta é a camada mais visível, a que todos enxergam, porém, um designer, redator ou *copywriter* de sucesso é aquele que tem a habilidade de conectar todas as camadas. Quanto mais você considerar as etapas apresentadas até agora, mais poderoso será o seu criativo.

Aqui, chegamos ao coração do processo criativo. Em um cenário de alta concorrência por atenção nas redes sociais, onde o conteúdo é abundante e a atenção efêmera, você tem menos de um segundo para capturar a atenção do seu público-alvo. Como você pode se destacar em meio a essa multidão?

A resposta é o "gatilho central". Um gatilho é um processo natural do nosso cérebro que cria conexões neurais. Ele desencadeia uma reação, uma faísca na mente que leva a pessoa a tomar uma ação, sentir uma emoção ou um estado específico.

O gatilho central tem a função crucial de conectar rapidamente a sua mensagem ou ideia de comunicação. Imagine estar à deriva em uma ilha. De acordo com referências de filmes, o que as pessoas costumam fazer nessa situação? Escrevem "SOS" na areia. Qualquer pessoa que veja isso entende que alguém está em perigo ou precisa de ajuda. Agora, pense em usar esse mesmo princípio em um anúncio. Se você tem um produto ou serviço que ajuda pessoas a tomarem melhores decisões na vida ou a encontrar um sentido na vida, uma ideia seria usar uma imagem da sigla "SOS" na areia, acompanhada de uma headline perguntando se alguém se sente perdido e precisa de ajuda para encontrar o caminho certo.

Nesse exemplo, o gatilho seria o do medo ou a identificação. Este livro ainda explorará os 27 gatilhos e como cada um se encaixa nesse método.

A etapa da consideração funciona como um suporte para o gatilho central. Lembre-se de que o seu criativo precisa comunicar algo e ser claro para que a mensagem seja compreendida. Mesmo que um gatilho central seja poderoso, ele sozinho pode não transmitir a mensagem desejada. Na etapa da consideração, você dá sentido ou reforça a ideia central do criativo.

Usando texto de apoio, outros títulos, imagens ou elementos visuais, a consideração tem o objetivo de dar apoio lógico ao criativo.

Na etapa da conversão, conduzimos o público à ação. Se você capturou a atenção com o gatilho central e fez com que as pessoas considerassem a mensagem da consideração, resta apenas induzi-las a dar o próximo passo, seja entrar em contato, visitar seu site ou qualquer outra ação que faça sentido com a ideia central do criativo.

Em resumo, nesta camada, você precisa capturar a atenção e explicar as razões pelas quais as pessoas deveriam se interessar pelo que viram e incentivá-las a se engajar com o seu criativo. É aqui que a mágica acontece, onde a teoria se transforma em prática, e onde a sua mensagem se torna uma realidade vibrante e envolvente.

CHECKLIST DA CAMADA

LISTE OS 3 ASPECTOS DA CAMADA

1.

2.

3.

APRENDIZADO PRÁTICO

RESUMA CADA ASPECTO DA CAMADA

1.

2.

3.

Capítulo 4

9 aspectos cruciais

Nos capítulos anteriores, você explorou as camadas que compõem nossa "cebola" de anúncios. Agora, vamos mergulhar ainda mais fundo. Depois de compreender a base teórica para o desenvolvimento de um criativo de sucesso, apresentarei a você os nove aspectos cruciais para um profissional de criação.

Durante anos, testei e validei diversos formatos, gatilhos, diagramações, cores e elementos. Tudo o que você possa imaginar no mundo da criação de anúncios foi avaliado e testado. E na minha constatação, encontrei nove aspectos que sempre estiveram presentes em anúncios de alta conversão, embora não haja uma fórmula mágica, existem ingredientes que são indispensáveis. Vou guiá-lo através de cada um deles.

1. GATILHO CENTRAL

Defina um gatilho a partir dos 27 listados neste livro para capturar a atenção do usuário. Aplique-o em forma de texto, cores, imagens, estrutura ou como a situação exigir. O gatilho central é a primeira faísca que prende a atenção.

2. HEADLINE

A *headline* é um título de destaque no anúncio, geralmente uma frase curta e objetiva. Ela não precisa explicar todo o anúncio, mas deve atrair a atenção do público e levá-lo a buscar mais informações.

3. CONTEXTUALIZAÇÃO E APOIO

Depois de chamar a atenção com o gatilho central e a *headline*, é hora de dar sentido à mensagem. Use textos, itens, imagens ou qualquer recurso necessário para contextualizar e tornar a mensagem clara.

4. ELEMENTOS DE ASSIMILAÇÃO

Elementos visuais facilitam a compreensão de conceitos complexos. Se possível, incorpore elementos visuais à sua mensagem. Lembre-se de que você tem apenas segundos para comunicar, e uma imagem muitas vezes vale mais que mil palavras.

5. CONEXÃO COM O PÚBLICO

Seu criativo precisa se conectar ao público-alvo. Facilite o entendimento de que o anúncio é para a pessoa que você deseja atingir. Use imagens, cores ou elementos que ressoem com o público.

6. CHAMADA PARA AÇÃO

Em algum ponto do anúncio, deixe claro o que deseja que a pessoa faça. Use botões, textos ou elementos que incentivem a ação, seja para enviar uma mensagem, acessar um site ou visitar uma empresa.

7. DIAGRAMAÇÃO HARMONIOSA

A diagramação é essencial para garantir a boa leiturabilidade do seu criativo. Controle a quantidade de elementos, o tamanho dos textos e a paleta de cores. Crie um design que seja agradável visualmente e de fácil compreensão.

8. COMUNICAÇÃO

Verifique se seu criativo está comunicando de forma objetiva e lógica. Pergunte-se: "O que meu anúncio está comunicando? Para quem? Por quê?" Certifique-se de que sua mensagem chegue de maneira clara e direta ao público.

9. HIERARQUIA VISUAL

Crie uma hierarquia para os elementos do seu criativo. Indique o que deve ser visto ou lido primeiro. Lembre-se de que as pessoas leem da esquerda para a direita e de cima para baixo. Aumente e destaque os elementos de acordo com sua prioridade.

Estes nove aspectos são como os ingredientes essenciais em uma receita de sucesso. Combinados de maneira eficaz, eles resultam em um criativo de alta conversão que se destaca e ressoa profundamente com seu público-alvo. Pronto para explorar cada aspecto em detalhes? Continue a leitura e prepare-se para aprofundar sua compreensão sobre a criação de anúncios de alta conversão.

NÃO COMPRE CONOSCO HOJE!

EM BREVE VAMOS REVELAR ALGO IMPORTANTE

ACESSE E SAIBA MAIS

GATIHOS CENTRAL: QUEBRA DE PADRÃO

HEADLINE: NÃO COMPRE CONOSCO HOJE!

CONTEXTUALIZAÇÃO E APOIO: EM BREVE VAMOS...

ELEMENTOS DE ASSIMILAÇÃO: IMAGEM DO CARRO

CONEXÃO COM O PÚBLICO: IMAGEM DO CARRO

CAMADA PARA AÇÃO: ACESSE E SAIBA MAIS

DIAGRAMAÇÃO HARMÔNICA: ALINHAMENTO VERTICAL

COMUNICAÇÃO: COMUNICAR UM PRÉ AVISO DE NOVIDADE

HIERARQUIA VISUAL: 1° HEADLINE, 2° TEXTO, 3° IMAGEM E CTA EM 4°

TESTE SEU APRENDIZADO DESCREVENDO OS ASPECTOS CRUCIAIS DO CRIATIVO

GATILHO CENTRAL:

HEADLINE:

CONTEXTUALIZAÇÃO E APOIO:

ELEMENTOS DE ASSIMILAÇÃO:

CONEXÃO COM O PÚBLICO:

CAMADA PARA AÇÃO:

DIAGRAMAÇÃO HARMÔNICA:

COMUNICAÇÃO:

HIERARQUIA VISUAL:

TESTE SEU APRENDIZADO
DESCREVENDO OS
ASPECTOS CRUCIAIS
DO CRIATIVO

GATIHO CENTRAL:

HEADLINE:

CONTEXTUALIZAÇÃO E APOIO:

ELEMENTOS DE ASSIMILAÇÃO:

CONEXÃO COM O PÚBLICO:

CAMADA PARA AÇÃO:

DIAGRAMAÇÃO HARMÔNICA:

COMUNICAÇÃO:

HIERARQUIA VISUAL:

Capítulo 5

27 gatilhos mentais

Após explorar a base teórica desta metodologia, chegou a hora de conhecer os 27 gatilhos mentais que serão um diferencial nos seus criativos. O gatilho é a peça fundamental de um anúncio de alta conversão; sem ele, seu criativo é apenas uma obra de design gráfico.

É verdade que, no mundo do marketing, o termo "gatilho mental" se tornou um tanto clichê, mas isso se deve, em grande parte, à banalização feita por amadores que utilizaram essa ferramenta de forma apelativa. No entanto, profissionais sérios do meio sabem que, na prática, é quase impossível utilizar gatilhos agressivos e apelativos, mesmo que possam gerar mais conversões.

O que os "gurus do *marketing*" nem sempre explicam é que o *marketing* profissional, aquele realizado por agências e consultorias em prol de empresas de pequeno a grande porte, exige um mínimo de ética. Os gatilhos mentais são os mesmos que todos divulgam, porque são universais. Estamos lidando com o comportamento humano, e os seres humanos seguem padrões. Os gatilhos mentais são, nada mais, do que uma maneira de acionar esses padrões de comportamento humano.

A seguir, vou apresentar cada um dos 27 gatilhos de forma objetiva, acompanhados de exemplos práticos para que você possa compreendê-los em profundidade. Prepare-se para descobrir como essas poderosas ferramentas podem elevar seus criativos a um novo patamar.

1. GATILHO DA ANTECIPAÇÃO

O gatilho mental da 'antecipação' é quando você cria a expectativa de algo emocionante e interessante que acontecerá no futuro. É uma técnica que desperta a curiosidade das pessoas, levando-as a esperar ansiosamente por algo novo e empolgante que está por vir. Isso pode ser usado para atrair a atenção, envolver o público e motivar ações, aproveitando a ideia de que as pessoas são naturalmente atraídas pelo que está prestes a acontecer.

Exemplos:

1. Fique atento! Em breve lançaremos o produto...

2. Acesse nosso site amanhã e descubra a grande novidade...

3. Inscreva-se agora e seja o primeiro a receber informações exclusivas...

4. Não perca a oportunidade de conhecer em primeira mão o nosso...

5. Em breve teremos uma promoção imperdível...

APRENDIZADO PRÁTICO

DESENVOLVA 3 FRASES/TEXTOS USANDO O GATILHO

1. _____

2. _____

3. _____

GATILHO DA ANTECIPAÇÃO

"EM BREVE"

"FIQUE ATENTO"

"SEJA O PRIMEIRO"

"AGUARDE"

"É AMANHÃ"

"VEM AÍ"

"LANÇAMENTO"

CONCEITO

CRIA A EXPECTATIVA DE ALGO EMOCIONANTE E INTERESSANTE QUE ACONTECERÁ NO FUTURO.

ATENÇÃO, FIQUE ATENTO!

EM BREVE LANÇAREMOS A PRÉVIA DO IPHONE 35

ACESSE E SAIBA MAIS

2. GATILHO DA CURIOSIDADE

O gatilho mental da "curiosidade" é a motivação que as pessoas têm para descobrir algo novo, misterioso ou intrigante. É uma ferramenta poderosa no *marketing*, pois incentiva as pessoas a buscar mais informações ou a tomar ações para satisfazer sua curiosidade. Isso funciona porque os seres humanos têm uma tendência natural a querer saber mais sobre o que é desconhecido, despertando seu interesse e atenção.

Exemplos:

6. Descubra o segredo para emagrecer com saúde de uma vez por todas...

7. Você sabia que existe uma forma simples de ganhar dinheiro...

8. O que a nossa empresa tem de diferente das outras? Conheça agora...

9. Surpreenda-se com a nossa nova coleção de roupas! Descubra as novidades...

10. Você já ouviu falar do nosso método inovador de ensino? Conheça agora...

APRENDIZADO PRÁTICO

DESENVOLVA 3 FRASES/TEXTOS USANDO O GATILHO

1. _____

2. _____

3. _____

GATILHO DA CURIOSIDADE

"DESCUBRA"

"VOCÊ SABIA"

"ESSE É O SEGREDO"

"O QUE NÃO TE CONTARAM"

"COMO SERIA SE VOCÊ"

"SURPREENDA-SE"

"A VERDADE SOBRE"

CONCEITO

Motiva as pessoas a descobrirem algo novo, misterioso ou intrigante.

DESCUBRA O SEGREDO PARA EMAGRECER

COM SAÚDE, DE UMA VEZ POR TODAS

ACESSE E SAIBA MAIS

3. GATILHO DA PROVA SOCIAL

O gatilho mental da "prova social" é quando as pessoas são influenciadas pelos comportamentos ou opiniões de outras pessoas. Isso ocorre porque as pessoas tendem a confiar nas ações e escolhas de outras pessoas como um sinal de que algo é válido ou correto. Você pode usar a prova social mostrando depoimentos, avaliações positivas, números de seguidores ou qualquer evidência de que outras pessoas estão satisfeitas com seu produto ou serviço, o que pode incentivar os outros a seguir o mesmo caminho.

Exemplos:

11. Mais de 1 milhão de pessoas já compraram o nosso produto...

12. Confira os depoimentos dos nossos clientes satisfeitos...

13. Nossas redes sociais já contam com mais de 100 mil seguidores...

14. Veja como os nossos clientes estão tendo resultados incríveis...

15. Mais de 95% dos nossos clientes recomendam o nosso produto...

APRENDIZADO PRÁTICO

DESENVOLVA 3 FRASES/TEXTOS USANDO O GATILHO

1.

2.

3.

GATILHO DA PROVA SOCIAL

"DEPOIMENTO"

"SOMOS PREMIADOS"

"ESPECIALISTAS INDICAM"

"VEJA O ANTES E DEPOIS"

"O QUE FALAM SOBRE NOS"

CONCEITO

AS PESSOAS SÃO INFLUENCIADAS PELO COMPORTAMENTO OU OPINIÃO DE OUTRAS PESSOAS.

VEJA SÓ O QUE ESTÃO FALANDO DE NOS

DEPOIMENTO EM VÍDEO

ACESSE E SAIBA MAIS

4. GATILHO DA ESPECIFIDADE

O gatilho mental da "especificidade" é quando as pessoas são mais atraídas por informações detalhadas e específicas do que por informações gerais ou vagas. Isso ocorre porque detalhes específicos fornecem um senso de credibilidade e clareza, o que pode aumentar o interesse e a confiança das pessoas em uma mensagem ou oferta. Ser específico ao descrever benefícios ou características de um produto ou serviço pode ser mais eficaz do que oferecer informações vagas.

Exemplos:

16. Descubra como perder 5,4 kg em 6 meses com o nosso método exclusivo...

17. Conheça as 16 maneiras comprovadas de melhorar a sua produtividade...

18. Você pode economizar até R$ 1.432,59, fazendo apenas isso...

19. Descubra como economizar até R$730,00 por mês seguindo as nossas dicas...

20. Aprenda a tocar violão em apenas 26 dias com o nosso curso online...

APRENDIZADO PRÁTICO

DESENVOLVA 3 FRASES/TEXTOS USANDO O GATILHO

1. _____

2. _____

3. _____

GATILHO DA ESPECIFIDADE

"27% DAS PESSOAS"

"27 DICAS VALIOSAS"

"PERDER 5,4 KG EM 6 MESES"

"ECONOMIZAR ATÉ R$ 1.432,59"

"16 MANEIRAS COMPROVADAS"

CONCEITO

AS PESSOAS SÃO MAIS ATRAÍDAS POR INFORMAÇÕES DETALHADAS E ESPECÍFICAS DO QUE GERAIS.

PERCA 5,4 KG EM 21 DIAS COM O NOSSO MÉTODO

ACESSE E SAIBA MAIS

5. GATILHO DA NOVIDADE

O gatilho mental da "novidade" é quando as pessoas são naturalmente atraídas por algo novo e diferente. Isso desperta sua curiosidade e interesse, pois as pessoas geralmente gostam de experimentar algo inovador e fora do comum. Destacar o aspecto único e novo de um produto ou serviço pode capturar a atenção das pessoas e incentivá-las a explorar mais.

Exemplos:

21. Conheça o nosso novo produto revolucionário que vai transformar a sua vida...

22. Descubra a nossa nova linha de produtos com tecnologia de ponta...

23. Lançamento! Conheça agora mesmo a mais nova opção para...

24. Conheça a nossa nova loja virtual com diversas opções exclusivas de produtos...

25. Saiba mais sobre a nossa mais recente atualização de software...

APRENDIZADO PRÁTICO

DESENVOLVA 3 FRASES/TEXTOS USANDO O GATILHO

1. _____

2. _____

3. _____

GATILHO DA NOVIDADE

"NOVO ENDEREÇO"

"NOVIDADE PARA VOCÊ"

"ENFIM CHEGOU"

"LANÇAMENTO"

"NOVA ATUALIZAÇÃO"

CONCEITO

AS PESSOAS SÃO NATURALMENTE ATRAÍDAS POR ALGO NOVO E DIFERENTE.

LANÇAMENTO

CONHEÇA A NOSSA NOVA LOJA VIRTUAL COM DIVERSAS OPÇÕES EXCLUSIVAS

ACESSE E SAIBA MAIS

6. GATILHO DO MEDO

O gatilho mental do "medo" é uma estratégia persuasiva que se baseia na exploração das preocupações e ansiedades do público para motivar a ação. Destacar ameaças ou consequências negativas que podem surgir se não for tomada uma determinada ação, induz a um senso de urgência e incentiva as pessoas a evitar ou superar esses temores. No entanto, é importante usar o medo de maneira ética e responsável, evitando causar ansiedade excessiva.

Exemplos:

26. Proteja sua família com nosso sistema de segurança ou corra o risco...

27. Prevenir problemas de saúde é mais fácil do que tratá-los...

28. Você está fazendo o seguro do seu carro errado...

29. A procrastinação pode custar caro – resolva seu problema...

30. A falta de preparação pode ser devastadora – esteja pronto para...

APRENDIZADO PRÁTICO

DESENVOLVA 3 FRASES/TEXTOS USANDO O GATILHO

1. _____

2. _____

3. _____

GATILHO DO MEDO

"VOCÊ FAZ ERRADO ISSO"

"NÃO CORRA O RISCO"

"PRESTE MUITA ATENÇÃO NISSO"

"PROTEJA SUA FAMÍLIA"

"ISSO PODE ACABAR COM VOCÊ"

CONCEITO

SE BASEIA NA EXPLORAÇÃO DAS PREOCUPAÇÕES E ANSIEDADES DO PÚBLICO PARA MOTIVAR A AÇÃO.

FAZER ISSO TODA A NOITE PODE

ACABAR COM A SUA SAÚDE

ACESSE E SAIBA MAIS

7. GATILHO DA URGÊNCIA

O gatilho mental da "urgência" se refere à tendência das pessoas em agir rapidamente quando percebem que uma oportunidade é limitada no tempo ou quantidade. Isso é utilizado ao criar um senso de urgência, mostrando que o produto ou serviço está disponível por tempo limitado ou em quantidade limitada, incentivando as pessoas a agir imediatamente para não perder a oportunidade.

Exemplos:

31. Aproveite a nossa promoção de lançamento por tempo limitado...

32. Garanta já a sua vaga, as inscrições estão acabando...

33. É só amanhã, não perca a oportunidade de ter acesso...

34. Últimas unidades em estoque do produto...

35. Aproveite a nossa oferta relâmpago e adquira...

APRENDIZADO PRÁTICO

DESENVOLVA 3 FRASES/TEXTOS USANDO O GATILHO

1. _____
_____

2. _____
_____

3. _____
_____

GATILHO DA URGÊNCIA

"URGENTE"

"ATENÇÃO, ÚLTIMOS DIAS"

"RESTAM APENAS 10 VAGAS"

"ESTÁ SE ESGOTANDO"

"VAI ACABAR, ÚLTIMOS INGRESSOS"

CONCEITO

TENDÊNCIA DAS PESSOAS EM AGIR RAPIDAMENTE QUANDO PERCEBEM QUE ALGO É LIMITADO.

ATENÇÃO, ÚLTIMAS HORAS

GARANTA JÁ A SUA VAGA. AS INSCRIÇÕES ESTÃO ACABANDO!

ACESSE E SAIBA MAIS

8. GATILHO DA EXCLUSIVIDADE

O gatilho mental da "exclusividade" se refere ao desejo humano de ter algo que é raro ou disponível apenas para um grupo seleto. Isso cria um sentimento de valorização e pertencimento, fazendo com que as pessoas queiram adquirir ou fazer parte desse grupo exclusivo. É usado para destacar a exclusividade de um produto ou serviço, incentivando as pessoas a se sentirem especiais ao adquiri-lo.

Exemplos:

36. Tenha acesso exclusivo ao nosso conteúdo premium e diferenciado...

37. Seja um dos primeiros a experimentar o nosso novo lançamento...

38. Receba convites exclusivos para participar de eventos...

39. Faça parte do nosso clube de membros VIP e tenha benefícios e ofertas...

40. Receba dicas e informações exclusivas sobre o mercado e as tendências...

APRENDIZADO PRÁTICO

DESENVOLVA 3 FRASES/TEXTOS USANDO O GATILHO

1. _____

2. _____

3. _____

GATILHO DA EXCLUSIVIDADE

"ESPECIAL"

"OFERTA EXCLUSIVA"

"ACESSO RESTRITO"

"EDIÇÃO LIMITADA"

"PARTICIPE DO GRUPO VIP"

CONCEITO

DESEJO HUMANO DE TER ALGO RARO OU DISPONÍVEL APENAS PARA UM GRUPO SELETO.

FAÇA PARTE DO SELETO GRUPO DE PESSOAS MAIS RICAS DO BRASIL

ACESSE E SAIBA MAIS

9. GATILHO DA AUTORIDADE

O gatilho mental da "autoridade" é o fenômeno em que as pessoas têm uma inclinação natural para confiar e seguir indivíduos que são reconhecidos como especialistas ou figuras de autoridade em um campo específico. Isso ocorre porque as pessoas acreditam que essas figuras têm conhecimento e credibilidade. Esse gatilho é usado para construir confiança e persuadir o público a tomar ações com base na autoridade ou expertise de uma pessoa ou organização.

Exemplos:

41. Somos especialistas no assunto, confie em nossa marca para resolver...

42. Aprovado por 9 em cada 10 médicos como o tratamento...

43. Somos referência no mercado há mais de 10 anos, oferecendo soluções...

44. O mentor das finanças pessoais que milhares confiam...

45. Possuímos certificações e prêmios que comprovam a nossa qualidade...

APRENDIZADO PRÁTICO

DESENVOLVA 3 FRASES/TEXTOS USANDO O GATILHO

1.

2.

3.

GATILHO DA AUTORIDADE

"SOMOS REFERÊNCIA"

"TESTADO E APROVADO"

"SOMOS ESPECIALISTAS"

"SOMOS PIONEIROS"

"A MAIOR AUTORIDADE NO ASSUNTO"

CONCEITO

PESSOAS TENDEM A CONFIAR E SEGUIR INDIVÍDUOS QUE SÃO RECONHECIDOS.

9 ENTRE 10
ESPECIALISTAS RECOMENDAM

ACESSE E SAIBA MAIS

10. GATILHO DA HISTÓRIA

O gatilho mental da "história" envolve o uso de narrativas cativantes para criar uma conexão emocional entre o público e a mensagem que está sendo transmitida. Contar uma história envolvente é uma técnica poderosa para capturar a atenção e fazer com que as pessoas se identifiquem com a mensagem, tornando-a mais memorável e persuasiva.

Exemplos:

46. Conheça a história por trás do nosso produto e descubra como ele pode...

47. Veja como essa história de superação inspirou a criação da nossa marca...

48. Nossa empresa nasceu de uma história muito incomum...

49. João tinha o sonho de ter seu carro próprio, e foi com a nossa empresa...

50. O ano era 2023, quando Maria decidiu realizar o seu implante dentário...

APRENDIZADO PRÁTICO

DESENVOLVA 3 FRASES/TEXTOS USANDO O GATILHO

1. _____

_____

2. _____

_____

3. _____

_____

GATILHO DA HISTÓRIA

"E FOI ASSIM QUE"

"HISTÓRIA DE SUPERAÇÃO"

"A HISTÓRIA POR TRÁS"

"O ANO ERA 1996"

"ELE TINHA O SONHO DE TER"

CONCEITO

USO DE NARRATIVAS PARA CRIAR UMA CONEXÃO ENTRE O PÚBLICO E A MENSAGEM.

 ERA UMA VEZ...

UM HOMEM, QUE TINHA O SONHO DE TER UM CARRO 0 KM, MAS O BANCO NUNCA APROVAVA O FINANCIAMENTO, ATÉ QUE...

CONTINUA >

ACESSE E SAIBA MAIS

11. GATILHO DO COMPROMETIMENTO

O gatilho mental do "comprometimento" envolve fazer com que o público se envolva ou se comprometa de alguma forma com a marca ou a mensagem. Isso aumenta a probabilidade de conversão em vendas, pois as pessoas tendem a agir de acordo com seus compromissos prévios, criando uma conexão mais forte e duradoura com a marca. Esse comprometimento pode ser alcançado por meio de ações como inscrições, compartilhamentos ou participação ativa em eventos ou iniciativas da marca.

Exemplos:

51. Faça parte da nossa comunidade comprometida com a qualidade e inovação...

52. Ao se inscrever em nossa lista de e-mails, você se compromete a receber...

53. Junte-se aos milhares de clientes que já se comprometeram com a nossa...

54. Nós estamos comprometidos a oferecer a melhor experiência...

55. O nosso curso é apenas para quem realmente é comprometido...

APRENDIZADO PRÁTICO

DESENVOLVA 3 FRASES/TEXTOS USANDO O GATILHO

1. _____

2. _____

3. _____

GATILHO DO COMPRO-METIMENTO

"FAÇA PARTE"

"NÓS ESTAMOS COMPROMETIDOS"

"NÓS VAMOS AJUDAR VOCÊ"

"VAMOS CONSTRUIR JUNTOS"

"EU LHE DOU A MINHA PALAVRA"

CONCEITO

FAZ O PÚBLICO SE ENVOLVER OU SE COMPROMETER DE ALGUMA FORMA COM VOCÊ.

NÓS ESTAMOS 100% COMPROMETIDOS

EM RESOLVER OS PROBLEMAS E DAR SUPORTE 24 HORAS

ACESSE E SAIBA MAIS

12. GATILHO DA EMOÇÃO

O gatilho mental da "emoção" visa estabelecer uma conexão emocional com o público, evocando sentimentos que geram respostas positivas, isso aumenta a probabilidade de conversão em vendas, pois as pessoas tendem a agir com base em suas emoções, como felicidade, empatia ou excitação, quando se sentem conectadas emocionalmente com uma mensagem ou oferta.

Exemplos:

56. Nós ajudamos você a conquistar o sonho da casa própria...

57. Surpreenda alguém especial com um presente emocionante e inesquecível...

58. Demostre todo o seu amor para a pessoa que você ama com nosso...

59. Mãe de primeira viagem confiou e se surpreendeu com nosso...

60. De empregado a um empreendedor de sucesso, foi assim que ele...

APRENDIZADO PRÁTICO

DESENVOLVA 3 FRASES/TEXTOS USANDO O GATILHO

1. _____

_____

2. _____

_____

3. _____

_____

GATILHO DA EMOÇÃO

"DEMONSTRE O AMOR"

"CONQUISTE O SONHA DA CASA"

"TRANSFORME A SUA VIDA"

"SURPREENDA ALGUÉM"

"CONQUISTE A SUA LIBERDADE"

CONCEITO

VISA ESTABELECER UMA CONEXÃO EMOCIONAL COM O PÚBLICO.

ESSA MÃE DE 1ª VIAGEM

CONFIOU E SE SURPREENDEU COM NOSSO ATENDIMENTO...

ACESSE E SAIBA MAIS

13. GATILHO DA QUEBRA DE PADRÃO

O gatilho mental da "quebra de padrão" envolve mostrar algo inesperado e fora do comum, que chama a atenção porque é diferente do que o público está acostumado a ver. Esse elemento incomum gera interesse e curiosidade, atraindo a atenção das pessoas para a mensagem ou oferta.

Exemplos:

61. Fale mal de nós, queremos ouvir e resolver todos os seus problemas...

62. Não assista esse vídeo se você não quiser melhorar a sua vida...

63. Não compre carro hoje, aguarde o nosso lançamento...

64. Nós não daremos desconto nenhum, nós daremos a melhor condição...

65. Não recomendamos nosso produto, nós somos a prova viva de que muda sua...

DESENVOLVA 3 FRASES/TEXTOS USANDO O GATILHO

1. _____

_____

2. _____

_____

3. _____

_____

GATILHO DA QUEBRA DE PADRÃO

"FALE MAL DE NÓS"

"NÃO FAÇA ISSO"

"VOCÊ NUNCA MAIS VAI COMPRAR"

"NÃO COMPRE AGORA"

"NÃO DAREMOS DESCONTO"

CONCEITO

BASEIA-SE EM MOSTRAR ALGO INESPERADO E FORA DO COMUM.

NÃO COMPRE CONOSCO HOJE!

EM BREVE VAMOS REVELAR ALGO IMPORTANTE

ACESSE E SAIBA MAIS

14. GATILHO DA SIMILARIDADE

O gatilho mental da "similaridade" baseia-se na ideia de que as pessoas são mais facilmente persuadidas por mensagens que se relacionam com sua própria experiência, identidade ou características pessoais. Ao enfatizar semelhanças entre a oferta, a mensagem ou o remetente e o público-alvo, você cria uma conexão emocional e uma sensação de identificação, tornando sua mensagem mais persuasiva.

Exemplos:

66. Novo App! Conheça o Uber dos pets, levamos seu animal de estimação...

67. Descubra como indivíduos como você estão prosperando em suas carreiras...

68. Você também sofre com dores nas costas...

69. Nós vamos lutar até o fim contra a burocracia de aluguéis...

70. Assim como você, é isso que pensamos sobre carros alugados...

APRENDIZADO PRÁTICO

DESENVOLVA 3 FRASES/TEXTOS USANDO O GATILHO

1. _____
_____

2. _____
_____

3. _____
_____

GATILHO DA SIMILARIDADE

"TÃO INCRÍVEL QUANTO"

"A NETFLIX DO AGRO"

"SEJA COMO A ATRIZ..."

"A 8ª MARAVILHA DO MUNDO É"

"VOCÊ TAMBÉM PODE SER ASSIM"

CONCEITO

PESSOAS SÃO MAIS FACILMENTE PERSUADIDAS POR SUA PRÓPRIA EXPERIÊNCIA E GOSTO PESSOAL.

O LINKEDIN DO DESIGN

ENCONTRE EMPREGO E MONTE SEU PORTFÓLIO NESSA PLATAFORMA NO ESTILO LINKEDIN

ACESSE E SAIBA MAIS

15. GATILHO DO PERTENCIMENTO

O gatilho do "pertencimento" envolve criar o desejo nas pessoas de se juntarem ao seu grupo ou compartilharem seus ideais. Isso é alcançado destacando os valores, objetivos ou identidade que seu produto ou mensagem representa, fazendo com que o público se sinta atraído para fazer parte desse grupo ou apoiar esses ideais. É uma maneira de explorar a necessidade humana de pertencer a algo maior, aumentando o engajamento e a conexão com seu público.

Exemplos:

71. Faça parte da nossa comunidade de amantes da gastronomia...

72. Junte-se a nós na busca por um planeta mais sustentável...

73. Você não está sozinho na jornada para uma vida saudável...

74. Junte-se à nossa tribo de entusiastas da tecnologia...

75. Faça parte da nossa história. Apoie nossa missão de ajudar...

APRENDIZADO PRÁTICO

DESENVOLVA 3 FRASES/TEXTOS USANDO O GATILHO

1. _____

2. _____

3. _____

GATILHO DO PERTENCIMENTO

"ESTAMOS JUNTOS NESSA"

"FAÇA PARTE VOCÊ TAMBÉM"

"APOIE A NOSSA MISSÃO"

"ENTRE NO NOSSO GRUPO"

"VOCÊ NÃO ESTÁ SOZINHO"

CONCEITO

CRIA O DESEJO NAS PESSOAS DE SE JUNTAREM AO SEU GRUPO OU COMPARTILHAREM SEUS IDEAIS.

JUNTE-SE A NÓS

NA BUSCA POR UM PLANETA MAIS SUSTENTÁVEL

ACESSE E SAIBA MAIS

16. GATILHO DA IDENTIFICAÇÃO

O gatilho mental da "identificação" envolve criar uma mensagem que permite ao público se ver ou se identificar com a situação, problema ou aspiração apresentada. Ao fazê-lo, você cria uma conexão emocional poderosa, pois as pessoas tendem a ser mais persuadidas por mensagens que refletem suas próprias experiências, desejos e valores.

Exemplos:

76. Você é mulher e é aposentada? Nós sabemos que...

77. Como uma mãe solteira, entendo as lutas da maternidade...

78. Compreendemos a dificuldade de aprender um novo idioma...

79. Você é um estudante? Descubra as estratégias que vão ajudar...

80. Atenção empreendedores de São Paulo, veja como...

APRENDIZADO PRÁTICO

DESENVOLVA 3 FRASES/TEXTOS USANDO O GATILHO

1. _____

2. _____

3. _____

GATILHO DA IDENTIFICAÇÃO

"VOCÊ QUE É"

"ATENÇÃO DESIGNERS"

"SE VOCÊ TAMBÉM"

"VOCÊ É MULHER E SOFRE COM"

"EVENTO EXCLUSIVO PARA ESTUDANTES"

CONCEITO

MENSAGEM QUE PERMITE AO PÚBLICO SE VER OU SE IDENTIFICAR COM A SITUAÇÃO.

ATENÇÃO, EMPREENDEDORES DE SÃO PAULO

EVENTO EXCLUSIVO – 21 DE MAIO

ACESSE E SAIBA MAIS

17. GATILHO DA RECIPROCIDADE

O gatilho mental da "reciprocidade" é um princípio de influência que se baseia na tendência humana de retribuir favores e ações positivas. Quando aplicado ao *marketing*, isso significa que oferecer algo de valor gratuitamente ao seu público-alvo pode criar um senso de obrigação, levando-os a serem mais receptivos às suas mensagens de *marketing* e ações de vendas.

Exemplos:

81. Baixe nosso e-book gratuito e descubra as dicas secretas dos especialistas...

82. Receba uma avaliação gratuita de sua estratégia de SEO...

83. Ganhe acesso imediato ao nosso curso online gratuito...

84. Experimente nosso software gratuitamente por 14 dias...

85. Faça parte de nosso programa de fidelidade e receba benefícios especiais...

APRENDIZADO PRÁTICO

DESENVOLVA 3 FRASES/TEXTOS USANDO O GATILHO

1. _____

_____

2. _____

_____

3. _____

_____

GATILHO DA RECIPROCIDADE

"FRETE GRÁTIS"

"RECEBA GRATUITAMENTE"

"POR NOSSA CONTA"

"GANHE BENEFÍCIOS EXCLUSIVOS"

"BÔNUS ESPECIAL PARA VOCÊ"

CONCEITO

BASEIA-SE NA TENDÊNCIA HUMANA DE RETRIBUIR FAVORES E AÇÕES POSITIVAS.

E-BOOK GRATUITO
SOBRE FINANÇAS

DESCUBRA AS DICAS MAIS SECRETAS DOS ESPECIALISTAS

ACESSE E SAIBA MAIS

18. GATILHO DO INIMIGO EM COMUM

O gatilho mental do "inimigo em comum" baseia-se na ideia de que as pessoas tendem a se unir em torno de um inimigo, desafio ou problema compartilhado. Ao identificar e destacar um inimigo em comum, uma marca ou mensagem pode criar um senso de comunidade e solidariedade entre o público-alvo, impulsionando a ação e a adesão.

Exemplos:

86. Junte-se a nós na luta contra o desperdício de alimentos...

87. Nossa solução tecnológica ajuda pequenas empresas a vencerem a burocracia...

88. Combata a poluição do plástico com nossos produtos eco-friendly...

89. Juntos, podemos superar os desafios da crise climática...

90. Faça parte da nossa missão para erradicar os preços altos dos...

APRENDIZADO PRÁTICO

DESENVOLVA 3 FRASES/TEXTOS USANDO O GATILHO

1. _____

2. _____

3. _____

GATILHO DO INIMIGO EM COMUM

"SOMOS CONTRA"

"VAMOS COMBATER JUNTOS"

"PELO FIM DA BUROCRACIA"

"DIGA NÃO AO RACISMO"

"NUNCA MAIS VOCÊ VAI SER COBRADO"

CONCEITO

PESSOAS TENDEM A SE UNIR EM TORNO DE UM INIMIGO, DESAFIO OU PROBLEMA COMPARTILHADO.

LUTAMOS CONTRA O DESPERDÍCIO DE ALIMENTOS

CONHEÇA A NOSSA NOVA EMBALAGEM

ACESSE E SAIBA MAIS

19. GATILHO DA GARANTIA

O gatilho mental da "garantia" é uma estratégia de persuasão que se baseia na promessa de segurança e satisfação ao cliente. Ao oferecer uma garantia sólida, uma empresa transmite confiança em seu produto ou serviço, eliminando ou reduzindo o risco percebido pelo consumidor. Isso pode ser particularmente eficaz em aumentar a conversão de vendas, pois os clientes se sentem mais confortáveis em experimentar algo novo, sabendo que têm uma rede de segurança em caso de insatisfação.

Exemplos:

91. Experimente nosso produto por 30 dias e, se não ficar satisfeito...

92. Compre com confiança! Nossa garantia de qualidade assegura...

93. Zero riscos: garanta sua reserva de férias agora...

94. Sem perguntas, sem complicações: nossa garantia de devolução de 100%...

95. Garantimos a entrega rápida e segura de seus produtos...

APRENDIZADO PRÁTICO

DESENVOLVA 3 FRASES/TEXTOS USANDO O GATILHO

1. _____

2. _____

3. _____

GATILHO DA GARANTIA

"RISCO ZERO"

"100% DE SATISFAÇÃO"

"DEVOLVEMOS SEU DINHEIRO"

"GARANTIA DE SATISFAÇÃO"

"GARANTIMOS UMA ENTREGA RÁPIDA"

CONCEITO

BASEIA-SE NA PROMESSA DE SEGURANÇA E SATISFAÇÃO AO CLIENTE.

30 DIAS DE GARANTIA

OU SEU DINHEIRO DE VOLTA

ACESSE E SAIBA MAIS

20. GATILHO DA REPETIÇÃO

O gatilho mental da "repetição" é uma técnica de persuasão que envolve a apresentação repetida de uma mensagem, ideia ou informação-chave para reforçar sua importância e facilitar a memorização pelo público-alvo. Através da repetição estratégica, as mensagens se tornam mais familiares e, consequentemente, mais persuasivas, pois as pessoas tendem a se sentir mais inclinadas a acreditar ou agir com base em algo que já ouviram várias vezes.

Exemplos:

96. Economize tempo e dinheiro com nosso produto – eficiente, eficaz e econômico...

97. Não deixe para amanhã o que você pode fazer hoje – ação, ação, ação...

98. Nosso serviço de entrega rápida e segura é a escolha certa – rapidez, segurança...

99. Nossa tecnologia avançada está mudando o jogo – inovação, inovação, inovação...

100. Descubra o segredo para uma pele saudável e radiante – saúde, beleza...

APRENDIZADO PRÁTICO

DESENVOLVA 3 FRASES/TEXTOS USANDO O GATILHO

1.

2.

3.

GATILHO DA REPETIÇÃO

"SÓ HOJE, APENAS HOJE"

"JÁ DISSE MAS VOU REPETIR"

"ENTREGA RÁPIDA, MUITO RÁPIDA"

"TENTE NOVAMENTE"

"COMPRE AGORA, AGORA MESMO"

CONCEITO

BASEIA-SE NA REPETIÇÃO DE UMA MENSAGEM, IDEIA OU INFORMAÇÃO-CHAVE.

ENCONOMIZE HOJE
VIAJE HOJE
SEJA FELIZ HOJE

ACESSE E SAIBA MAIS

21. GATILHO DA IMAGINAÇÃO

O gatilho mental da "imaginação" é uma técnica persuasiva que incentiva as pessoas a visualizarem mentalmente os benefícios ou resultados desejados de um produto, serviço ou ação. Ao estimular a imaginação do público, você permite que eles criem uma imagem vívida e positiva do que está sendo oferecido, tornando-os mais propensos a se envolverem e agirem.

Exemplos:

101. Imagine um futuro sem preocupações financeiras...

102. Visualize-se aproveitando as férias dos seus sonhos...

103. Veja-se liderando com confiança e habilidade...

104. Feche os olhos e imagine a casa perfeita...

105. Conjure a sensação de relaxamento absoluto com nossos produtos...

APRENDIZADO PRÁTICO

DESENVOLVA 3 FRASES/TEXTOS USANDO O GATILHO

1.

2.

3.

GATILHO DA IMAGINAÇÃO

"VOCÊ TERIA CORAGEM?"

"COMO SERIA SE VOCÊ"

"IMAGINE SE VOCÊ FOSSE"

"VISUALIZE SEU FUTURO"

"SE VEJA VIAJANDO NAS MALDIVAS"

CONCEITO

INCENTIVA AS PESSOAS A VISUALIZAREM MENTALMENTE OS BENEFÍCIOS OU RESULTADOS.

JÁ IMAGINOU VIVER SEM BUROCRACIA?

BOM, TEMOS ALGO VALIOSO PARA VOCÊ

ACESSE E SAIBA MAIS

22. GATILHO DA ESCOLHA

O gatilho mental da "escolha" se baseia na psicologia da liberdade de escolha, onde as pessoas são mais propensas a se engajar e tomar decisões quando têm opções para escolher. Ao oferecer opções, você dá ao público a sensação de controle e autonomia, o que pode tornar sua mensagem ou oferta mais persuasiva.

Exemplos:

106. Escolha entre nossa variedade de sabores deliciosos e descubra...

107. Customize seu próprio pacote de viagem - você decide o destino...

108. Selecione o plano de assinatura que melhor se adapta ao seu estilo...

109. Decida como deseja ser recompensado com nosso programa de fidelidade...

110. Escolha entre nossas opções de treinamento online ou presencial...

APRENDIZADO PRÁTICO

DESENVOLVA 3 FRASES/TEXTOS USANDO O GATILHO

1.

2.

3.

GATILHO DA ESCOLHA

"DECIDA ENTRE AS OPÇÕES"

"ESCOLHA A MELHOR OPÇÃO"

"O QUE VOCÊ PREFERE"

"CUSTOMIZE DO SEU JEITO"

"OPÇÕES DISPONÍVEIS PARA VOCÊ"

CONCEITO

PESSOAS SÃO MAIS PROPENSAS A TOMAR DECISÕES QUANDO TÊM OPÇÕES PARA ESCOLHER.

ESCOLHA COMO ESTUDAR

GRADUAÇÃO PRESENCIAL OU ONLINE

ACESSE E SAIBA MAIS

23. GATILHO DA ANCORAGEM

O gatilho mental da "ancoragem" é uma estratégia que explora a psicologia das comparações para influenciar as decisões de compra. Ao apresentar inicialmente uma opção, seguida por uma outra opção melhor, o consumidor tende a perceber a segunda opção como um negócio vantajoso em comparação com a primeira, mesmo que essa segunda opção ainda seja lucrativa para o negócio.

Exemplos:

111. Compare nosso produto com o de outras marcas...

112. Comparado aos concorrentes, nosso preço é 30% mais baixo...

113. Economize R$50 em nossa promoção de lançamento - de R$149 para R$99...

114. Nosso serviço de assinatura mensal custa menos do que uma xícara...

115. Oferta limitada: economize 50% em todos os produtos de alta...

APRENDIZADO PRÁTICO

DESENVOLVA 3 FRASES/TEXTOS USANDO O GATILHO

1. _____

_____

2. _____

_____

3. _____

_____

GATILHO DA ANCORAGEM

"ECONOMIZE ATÉ 50%"

"DE TANTO POR TANTO"

"NOSSO PRODUTO É 5 VEZES MAIS"

"COMPARE COM OUTRAS MARCAS"

"CUSTA MENOS QUE UM CAFEZINHO"

CONCEITO

EXPLORA A PSICOLOGIA DAS COMPARAÇÕES PARA INFLUENCIAR AS DECISÕES DE COMPRA.

ASSINE O PLANO ANUAL E ECONOMIZE

50%

DE ~~R$ 50~~ POR R$ 25

ACESSE E SAIBA MAIS

24. GATILHO DO SE

O gatilho mental do "se" é uma técnica persuasiva que envolve estabelecer uma conexão lógica e clara entre uma ação (o "se") e suas consequências ou benefícios (o "então"). Ao comunicar de forma convincente como uma ação específica pode levar a um resultado desejado, você ajuda a criar uma motivação mais forte para que as pessoas ajam de acordo com suas mensagens ou propostas.

Exemplos:

116. Se você investir em nossa plataforma, então poderá colher os frutos de...

117. Se deseja economizar tempo e dinheiro, então nosso produto é a solução...

118. Se comprometa com nosso programa de fitness e, em poucos meses, verá...

119. Se adquirir nosso seguro de saúde, então estará protegido contra despesas...

120. Se você começar a usar nosso aplicativo de gerenciamento de tarefas, então...

APRENDIZADO PRÁTICO

DESENVOLVA 3 FRASES / TEXTOS USANDO O GATILHO

1.

2.

3.

GATILHO DO SE

"SE NÃO CONSEGUIR, NOS O AJUDAMOS"

"SE VOCÊ É, ENTÃO..."

"SE AINDA NÃO COMPROU, CORRA"

"SE DEJEJA ESCONOMIZAR, ENTÃO"

"VOCÊ É HOMEM? ENTÃO PRECISA"

CONCEITO

CONEXÃO LÓGICA E CLARA ENTRE UMA AÇÃO E SUAS CONSEQUÊNCIAS OU BENEFÍCIOS.

SE VOCÊ SONHA COM A LIBERDADE FINANCEIRA

ENTÃO VOCÊ PRECISA BAIXAR ESSE E-BOOK

ACESSE E SAIBA MAIS

25. GATILHO DA JUSTIFICATIVA

O gatilho mental da "justificativa" é uma estratégia persuasiva que envolve fornecer uma razão ou explicação convincente para uma ação, compra ou escolha específica. Ao apresentar uma justificação lógica e convincente para uma decisão, você ajuda a reduzir a resistência e a aumentar a aceitação da mensagem.

Exemplos:

121. Invista em nosso treinamento avançado e alavanque sua carreira com as...

122. Nossos produtos orgânicos são a escolha sustentável para um estilo...

123. Nossa consultoria financeira especializada pode economizar tempo e dinheiro...

124. Melhore sua saúde com nossos produtos naturais – sua jornada para uma...

125. Participe de nosso programa de voluntariado e faça a diferença...

APRENDIZADO PRÁTICO

DESENVOLVA 3 FRASES/TEXTOS USANDO O GATILHO

1. _____

2. _____

3. _____

GATILHO DA JUSTIFICATIVA

"OPTE POR ISSO E RECEBA ISSO"

"FAÇA ISSO E GANHE ISSO"

"MELHORE A SAÚDE COM NUTRIÇÃO"

"INSCREVA-SE E APRENDA ISSO"

"ESCOLHA O PLANO A E GANHE BENEFÍCIOS"

CONCEITO

FORNECE UMA RAZÃO OU EXPLICAÇÃO CONVINCENTE PARA UMA AÇÃO.

INVISTA EM PEQUENAS E MÉDIAS EMPRESAS E LUCRE ATÉ

 60% AA

ACESSE E SAIBA MAIS

26. GATILHO DA CONVERSA

O gatilho mental da "conversa" envolve criar uma mensagem que pareça pessoal, direta e envolvente, como se o emissor estivesse falando diretamente com o receptor. Isso pode criar uma sensação de conexão e intimidade com o público, aumentando o envolvimento e a persuasão.

Exemplos:

126. Queremos ouvir sua opinião! Participe de nossa pesquisa rápida...

127. Converse com nossa equipe de suporte 24 horas para obter ajuda...

128. Você tem dúvidas? Nossos consultores estão prontos para responder...

129. Vamos discutir como podemos ajudar a alcançar seus objetivos...

130. Queremos ouvir suas histórias de sucesso com nossos produtos...

APRENDIZADO PRÁTICO

DESENVOLVA 3 FRASES/TEXTOS USANDO O GATILHO

1. _____

2. _____

3. _____

GATILHO DA CONVERSA

"PRECISO TE CONTAR UMA COISA"

"VAMOS RESPONDER AS SUAS DÚVIDAS"

"NOS DIGA COMO AJUDAR"

"FALE CONOSCO AGORA MESMO"

"CONVERSE AGORA COM O NOSSO SUPORTE"

CONCEITO

BASEIA-SE EM CRIAR UMA MENSAGEM QUE PAREÇA PESSOAL, DIRETA E ENVOLVENTE.

EI, AGRICULTOR

VOCÊ PRECISA OUVIR O QUE TEMOS PARA FALAR SOBRE A NOVA SAFRA.

ACESSE E SAIBA MAIS

27. GATILHO DO DESAPEGO

O gatilho mental do "desapego" envolve destacar a ideia de que a ação ou decisão não está vinculada a um compromisso permanente ou risco significativo. Isso cria uma sensação de liberdade e segurança para o público, reduzindo a hesitação e incentivando a ação.

Exemplos:

131. Experimente nosso software sem compromisso...

132. Inscreva-se para um teste gratuito de 7 dias e cancele a qualquer...

133. Reserve suas férias agora e pague na data de check-in...

134. Explore nossos cursos online sem riscos – comece com uma aula gratuita...

135. Descubra nosso serviço premium por 14 dias sem custo algum...

APRENDIZADO PRÁTICO

DESENVOLVA 3 FRASES/TEXTOS USANDO O GATILHO

1. _____
_____

2. _____
_____

3. _____
_____

GATILHO DO DESAPEGO

"EXPLORE SEM RISCO NENHUM"

"EXPERIMENTE GRATUITAMENTE"

"CANCELE QUANDO QUISER"

"SEM COMPROMISSO"

"RESERVE AGORA E PAGUE DEPOIS"

CONCEITO

DESTACA A IDEIA DE QUE A DECISÃO NÃO ESTÁ VINCULADA A UM COMPROMISSO PERMANENTE.

FAÇA UMA AVALIAÇÃO GRATUITA POR

7 DIAS

ACESSE E SAIBA MAIS

Capítulo 6

Aplicando na prática

Você deve estar se perguntando - e agora, o que faço com tudo isso?

A resposta é simples: memorize cada ponto, camada, pilar e exemplo apresentado. A característica mais importante desta metodologia, que tornou meu trabalho valorizado no meio, é não ficar apenas na superfície de um criativo. Embora importantes, a prioridade não está apenas nas escolhas visuais, mas em como elas se conectam à mensagem central. Seu foco deve estar em compreender profundamente seu produto, nicho, público-alvo e todas as conexões mentais possíveis que você pode criar.

Agora, depois de conhecer a base teórica, vou demonstrar na prática como me preparo para desenvolver um anúncio de alta conversão.

1° FAÇA UM ESTUDO PROFUNDO E DETALHADO

- **1°** NEGÓCIO
- **2°** PÚBLICO
- **3°** PRODUTO

2° IDENTIFIQUE A ETAPA DESEJADA

- **4°** FUNIL

3° DEFINA O OBJETIVO DO CRIATIVO

- **5°** COMUNICAÇÃO

4° DEFINA A ESTRATÉGIA E PLANEJE O CRIATIVO

- **6°** CRIATIVO

5° DESENVOLVA O CRIATIVO

6° REVISE E CONFIRME OS REQUISITOS

ASPECTOS CRUCIAIS

Vamos por etapas, se você estiver começando um projeto do zero, ou seja, estruturando todo o processo e estratégia de *marketing* para um negócio, meu conselho é começar estudando as 6 camadas, mas, mais do que estudar, você deve, como lição de casa, identificar e preencher cada camada, como um *brainstorming*.

Em uma folha de papel, caderno ou em qualquer formato que preferir, vá pilar por pilar. Deixe claro os 4Ps, a persona, o padrão e todos os outros elementos em cada camada, descreva exemplos aplicados no seu produto ou serviço, não poupe detalhes, use essa metodologia como uma ficha técnica do seu projeto.

Você pode achar esse exercício desnecessário, mas, é fundamental deixar tudo documentado. Este documento será seu alicerce para futuras criações. Quanto mais detalhadamente você descrever esses pilares, mais seu cérebro irá memorizar as informações, assim, quando precisar, elas virão à mente.

Se você tem uma boa memória e já está totalmente familiarizado com as 6 camadas, pode seguir com o próximo passo. Lembra dos 9 aspectos cruciais do criativo? Pois bem, assim como no processo anterior, descreva cada aspecto e salve. O principal benefício desse processo é desenvolver e estimar a qualidade e o potencial do seu criativo. Demonstre que cada detalhe tem um propósito. Quanto mais aspectos você conseguir trazer para o seu criativo, mais forte ele vai se tornar.

APRENDIZADO PRÁTICO

CRIE DO ZERO UM CRIATIVO USANDO O MÉTODO AD 369

LISTE UM PRODUTO, SERVIÇO OU EMRPESA AO QUAL
DESENVOLVERÁ UM CRIATIVO BASEADO NO MÉTODO AD 369

1.

EM SEGUIDA, DESCREVA CADA ASPECTO DA CAMADA BASEANDO-SE
NO PRODUTO, SERVIÇO OU EMPRESA QUE VOCÊ ESCOLHEU

OBSERVAÇÕES:

DEPOIS DA PARTE TEÓRICA QUE VOCÊ DESCREVERÁ EM
SEGUIDA, DESENVOLVA A PARTE GRÁFICA E APROVEITE
PARA POSTAR NAS REDES SOCIAIS E MARCAR
O NOSSO PERFIL PARA COMPARTILHAR
COM A NOSSA COMUNIDADE

VAMOS COMEÇAR!

4P'S → PERSONAS → PADRÃO

COMO SÃO OS 4P'S?

_____
_____
_____
_____
_____

QUAL É A PERSONA?

_____
_____
_____

EXISTE ALGUM PADRÃO NESSE NICHO?

_____
_____
_____
_____

2° NECESSIDADE

FISIOLÓGICA → SOCIAL → INDIVIDUAL

QUAIS SÃO AS NECESSIDADES?

_____

_____

_____

_____

_____

_____

_____

_____

_____

_____

_____

_____

_____

_____

3° **PRODUTO**

IDENTIFICAÇÃO → PONTOS EXCLUSIVOS → PONTOS DE CONEXÃO

COMO IDENTIFICARIA?

QUAIS SÃO OS PONTOS EXCLUSIVOS?

QUAIS SÃO OS PONTOS DE CONEXÃO?

4° **FUNIL**

DESCOBERTA/FRIO → CONSIDERAÇÃO/MORNO → CONVERSÃO/QUENTE

QUAL É A ETAPA DO FUNIL?

5°　**COMUNICAÇÃO**

| O QUE | → | PARA QUEM | → | POR QUE OU COMO |

O QUE VOCÊ QUER COMUNICAR?

PARA QUEM VOCÊ QUER COMUNICAR?

POR QUE OU COMO VOCÊ QUER COMUNICAR?

6° CRIATIVO

GATILHO CENTRAL → CONSIDERAÇÃO → CONVERSÃO

QUAL GATILHO CENTRAL VAI USAR?

QUAL CONSIDERAÇÃO VAI USAR PARA DAR SUPORTE?

QUAL APELO DE CONVERSÃO VAI USAR?

ASPECTOS CRUCIAIS

BASEADO NO SEU
ESTUDO, DESCREVA OS
ASPECTOS CRUCIAIS
DO CRIATIVO

GATIHO CENTRAL:

HEADLINE:

CONTEXTUALIZAÇÃO E APOIO:

ELEMENTOS DE ASSIMILAÇÃO:

CONEXÃO COM O PÚBLICO:

CAMADA PARA AÇÃO:

DIAGRAMAÇÃO HARMÔNICA:

COMUNICAÇÃO:

HIERARQUIA VISUAL:

PARABÉNS!

SE VOCÊ SEGUIU TODAS AS ETAPAS E CONSEGUIU DESENVOVLER A BASE TÉCNICA DO SEU CRIATIVO, ENTÃO AGORA SÓ FALTA O "GRAND FINALE"

DESENVOLVA A PARTE GRÁFICA E APROVEITE PARA POSTAR NAS REDES SOCIAIS E MARCAR O NOSSO PERFIL PARA COMPARTILHAR COM A NOSSA COMUNIDADE

Michel Pereira, um designer de formação, é o criador da marca oCriativo. Sua jornada na criatividade começou aos 15 anos, editando imagens e vídeos. Iniciou sua formação em design aos 17 anos e, aos 22 anos, mergulhou no universo do *marketing* e vendas. Ao longo dos anos, alcançou o cargo de *head* em uma das maiores assessorias de *marketing* e vendas do Brasil, destacando-se com resultados excepcionais em diversos segmentos. Entre seus projetos, destaca-se o trabalho para empresas renomadas, como Oral Sin, Kroton (Unopar, Anhanguera, Pitágoras, Fama), UCS, My Farm Agro, VET Profissional, e muitos outros. Embora seja difícil quantificar o impacto total do Método AD 369, ao longo de sua trajetória, os anúncios desenvolvidos por Michel foram testados por essas empresas, resultando em dezenas de milhões de reais em vendas.

A Arte da Persuasão Paga

Os Segredos por trás dos Criativos de Alta Conversão

Este livro demandou aproximadamente 5 anos para ser concluído. Depois de estar imerso ao mundo corporativo de grandes empresas, me aprofundei no universo dos criativos e anúncios online, investindo milhões de reais em testes, gerando faturamentos expressivos e conduzindo dezenas de empresas e projetos. Nesse período, não apenas desenvolvi, mas também testei e validei o Método AD 369, uma abordagem singular para a criação de criativos de alta conversão.

Diferentemente do que é ensinado sobre anúncios, essa metodologia foi experimentada em empresas de diversos níveis, desde locais até nacionais, abrangendo uma variedade de setores, que vão desde clínicas odontológicas

149

até lançamentos milionários. Além da fundamentação teórica da metodologia, você receberá um guia passo a passo para implementar e testar no seu próprio projeto.

oCriativo°

Este livro demandou aproximadamente 5 anos para ser concluído. Depois de estar imerso ao mundo corporativo de grandes empresas, me aprofundei no universo dos criativos e anúncios online, investindo milhões de reais em testes, gerando faturamentos expressivos e conduzindo dezenas de empresas e projetos. Nesse período, não apenas desenvolvi, mas também testei e validei o Método AD 369, uma abordagem singular para a criação de criativos de alta conversão.

Diferentemente do que é ensinado sobre anúncios, essa metodologia foi experimentada em empresas de diversos níveis, desde locais até nacionais, abrangendo uma variedade de setores, que vão desde clínicas odontológicas até lançamentos milionários. Além da fundamentação teórica da metodologia, você receberá um guia passo a passo para implementar e testar no seu próprio projeto.

ISBN 9798877353596

90000

9 798877 353596